Geschichten für Kinder

Elizabeth Shaw

Geschichten für Kinder

Zilli, Billi und Willi
Guten Appetit
Der kleine Angsthase
Wie Putzi einen Pokal gewann
Das Bärenhaus

BELTZ
Der KinderbuchVerlag

Zilli, Billi und Willi *S. 5*

Guten Appetit *S. 13*

Der kleine Angsthase *S. 21*

Wie Putzi einen Pokal gewann *S. 37*

Das Bärenhaus *S. 61*

MIX
Papier | Fördert gute Waldnutzung
FSC® C089473

Dieses Buch ist erhältlich als:
ISBN 978-3-407-77084-4 (Print)

in der Verlagsgruppe Beltz
Werderstraße 10, 69469 Weinheim
service@beltz.de

Neue Rechtschreibung
Einbandgestaltung und Illustration: Elizabeth Shaw
Druck und Bindung: Beltz Grafische Betriebe, Bad Langensalza
Beltz Grafische Betriebe ist ein klimaneutrales Unternehmen
(ID 15985-2104-1001).
Printed in Germany
15 16 17 27 26 25 24

Weitere Informationen zu unseren Autor:innen und Titeln
finden Sie unter: www.beltz.de

Zilli, Billi und Willi

Es waren einmal drei Schweinchen. Zilli, Billi und Willi.

Zilli baute sich ein Haus aus Stroh.

Billi baute sich ein Haus aus Holz.

Willi baute sich ein festes Haus aus Stein.

„Nun“, sagten die drei Schweinchen, „wenn der böse Wolf kommt, verstecken wir uns in unseren Häusern. Wir haben keine Angst vor dem bösen Wolf!“

Eines Tages schlich der böse Wolf vorbei und wollte die Schweinchen fressen.
Zilli, Billi und Willi rannten in ihre Häuser.

Der Wolf kam zu Zillis Haus aus Stroh und sagte: „Ich werde husten und pusten und dein Haus wegpusten!“ Er hustete und pustete, bis das Haus weg war. Zilli rannte zu Billis Haus.

Der Wolf kam zu Billis Haus aus Holz und sagte: „Ich werde husten und pusten und dein Haus wegpusten!“ Er hustete und pustete, bis das Haus weg war. Zilli und Billi rannten zu Willis Haus.

Der Wolf kam zu Willis Haus aus Stein und sagte: „Ich werde husten und pusten und dein Haus wegpusten!“ Er hustete und pustete und hustete und pustete, aber das Steinhaus konnte er nicht wegpusten.

Der Wolf hustete und pustete so sehr, dass er platzte. Da lachten die drei kleinen Schweinchen.

Von nun an wohnten Zilli, Billi und Willi zusammen in dem Haus aus Stein.
„Wir haben keine Angst vor dem bösen Wolf“, sagten sie.

Guten Appetit

Katzen schlecken Milch.

Der Hund verschlingt Fleisch.

Die Vögel picken Brot.

Mäuse knabbern leise Käse.

Der Elefant hebt sein Futter.

Das Baby isst gerne mit den Fingern.

Peter und Karin essen mit dem Besteck.

Das Krokodil beißt zu.

Schweinchen Emma frisst und schmatzt,

bis es am Ende platzt!

Der kleine Angsthase

Es war einmal ein kleiner Angsthase. Der wohnte bei seiner lieben Oma, die leider auch sehr ängstlich war. „Pass nur immer auf, Kleiner“, sagte sie. „Es könnte dir etwas zustoßen.“

Angsthase hatte Angst vor dem Hund. Oma hatte gesagt: „Hunde beißen.“

Er fürchtete die Dunkelheit. Oma hatte gesagt: „Es gibt Räuber und Gespenster.“

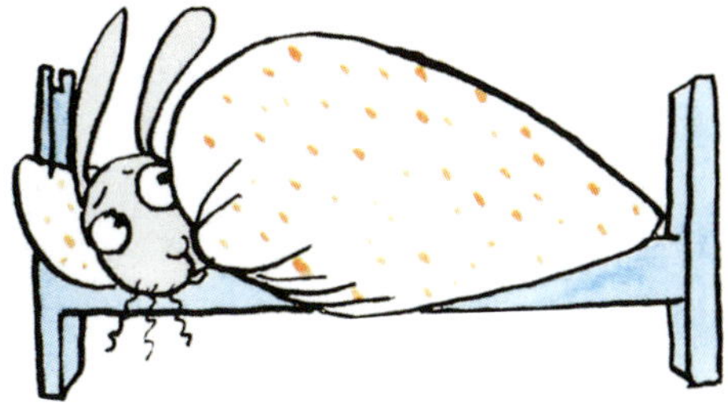

Er fürchtete das Wasser. Oma hatte gesagt: „Im Wasser kann man ertrinken.“

Er hatte Angst vor großen Jungen. Oma hatte gesagt: „Sie werden dir wehtun.“

„Angsthase, Angsthase!“, riefen die Kinder.
Sie wollten nicht mit ihm spielen.
Da aber weinte Angsthase bitterlich.
Er war sehr unglücklich.

„Du musst deine Angst überwinden“,
sagte der gute Onkel Heinrich.
„Sei einfach nicht mehr ängstlich.“
Das war leicht gesagt.
Angsthase spielte lieber mit dem kleinen Ulli.

Eines schlimmen Tages schlich der
böse Hasenfeind ins Dorf: der Fuchs!

Die Hasen rannten schnell davon.
So schnell sie konnten.
Sie versteckten sich in den Häusern.

Der kleine Angsthase und der ganz kleine Ulli rannten auch. Aber der ganz kleine Ulli konnte nicht so schnell laufen.
So fing der böse Fuchs den kleinen Ulli-Hasen.

„Der böse Fuchs frisst meinen kleinen Ulli!“, rief der Angsthase laut. „Was soll ich machen?“ Er war einfach nicht mehr ängstlich und griff den Fuchs am Schwanz. Da war Ulli frei.

Der böse Fuchs aber fletschte
die Zähne und drehte sich
und wälzte sich.
Ich schleudere ihn in die Disteln,
dachte der schlaue Fuchs.
Aber der Angsthase ließ nicht los.

Der Fuchs rannte blitzschnell
über die Wiese. Aber der Angsthase
hielt den Schwanz sehr fest.
Der Fuchs rannte auf einen Baum zu.
Da fiel dem kleinen Angsthasen etwas ein.

Er ließ ganz plötzlich los.
So flog der böse Fuchs
gegen den Baum und bekam
mächtige Beulen.

Angsthase und der ganz kleine Ulli waren sehr froh.
Der Fuchs aber machte, dass er wegkam.

Die anderen Hasen waren auch zufrieden.
Und der Bürgermeister hängte dem Angsthasen
eine Auszeichnung um: für seinen Mut!
„Siehst du“, sagte der gute Onkel Heinrich,
und alle Hasen riefen: „Bravo!“

Zu Hause seufzte
die Oma:
„Mein Kleiner,
hast du nicht
daran gedacht,
dass dir etwas
zustoßen könnte?“

„Eigentlich hatte ich keine Zeit dazu“, sagte der kleine Angsthase. „Ich musste an den ganz kleinen Ulli denken.“

Am nächsten Tag riefen alle Hasenkinder:
„Hier kommt der mutige Hase. Er hat den bösen Fuchs besiegt."
Alle gingen gemeinsam spielen.
So war der kleine Angsthase kein Angsthase mehr.

Wie Putzi einen Pokal gewann

Es waren einmal zwei sportliche Mäuse.
Sie hatten drei Kinder –

Fritzi,
der ein großartiger
Mittelstürmer
beim Fußball war –

Mitzi,
die sehr gut
schwimmen konnte –

und Putzi, der
am liebsten
Dame spielte.

Frühmorgens wurden die Kinder zeitig geweckt. Fritzi und Mitzi sprangen aus ihren Betten und atmeten am offenen Fenster ein und aus.

Putzi tat, als ob er noch schliefe.

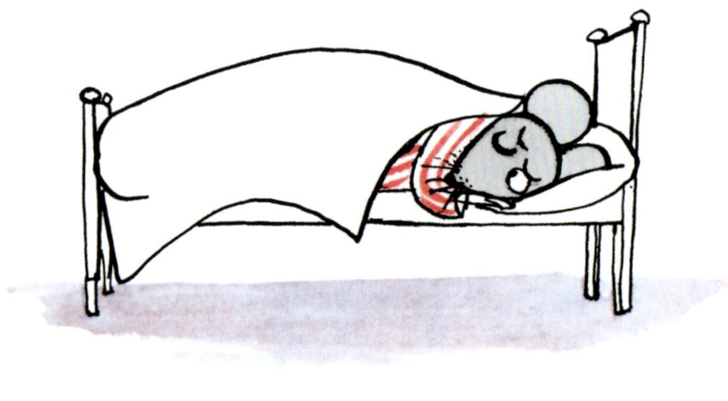

Erst als Mitzi und Fritzi sich schon
unter der Dusche warm und kalt brausten,
stieg er aus dem Bett und betupfte seine
Nasenspitze mit Wasser.

„Hast du dich überhaupt gewaschen?“, fragte eines Morgens die Mutter, als sie ein Stück Pudding vom vorigen Abendessen hinter Putzis Ohr entdeckte.

Wenn die drei Mäuse aus der Schule kamen, nahmen sie ihre schweren Schulmappen ab und legten sich zehn Minuten lang flach auf den Fußboden. Die Mutter sagte: „Nun entspannt euch! Lasst alle Muskeln locker werden! Zuerst die Hände, dann die Arme und Beine. Jeder Körperteil muss ganz schwer werden. Das heißt bewusste Muskelentspannung.“

Als Fritzi und Mitzi sich danach erfrischt streckten und beugten, merkten sie, dass Putzi eingeschlafen war.
„Bewusste Muskelentspannung heißt nicht schlafen!“, schimpfte die Mutter.

Sobald die Schularbeiten fertig waren,
ging Fritzi Fußball spielen, und Mitzi ging
zum Schwimmbad.
Putzi aber hockte in der Stube und übte
Dame.
„Warum gehst du nicht an die frische Luft?“,
fragte die Mutter.
„Ich möchte Dame üben“, sagte Putzi,
„und außerdem habe ich Schnupfen.“

Er hatte wirklich sehr oft Schnupfen, weil er sich nicht durch kaltes Duschen abhärtete.
Herr und Frau Maus machten sich Sorgen über ihr unsportliches Kind.
„Warum machst du nicht mit beim Sport?“, fragten die Eltern.
„Ich interessiere mich nicht dafür“, antwortete Putzi, „ich interessiere mich für Dame.“

Bald danach gewannen Herr und Frau Maus einen Pokal im Langstreckenlauf.

Fritzi wurde Kapitän seiner Fußballmannschaft.

Mitzi begann, als Wettkampfschwimmer zu trainieren.

Putzi wollte eigentlich auch etwas leisten.

Ein großer internationaler Wettbewerb
im Damespiel sollte in der Stadt
ausgetragen werden.
Putzi entschloss sich, auch daran
teilzunehmen.
Er wollte Weltmeister in der Jugendklasse
werden.

Bald war der große Tag gekommen.
Putzi wachte früh auf.
Er war leider erkältet. Trotzdem eilte er zum Rathaus, wo der Wettkampf stattfand.
In einem großen Saal waren mehrere Tische für die Spieler aufgestellt.
Ringsherum saßen die Zuschauer und die Schiedsrichter.

Das erste Spiel gewann Putzi leicht.
Und auch das zweite.
Er spielte gut.

Aber der dritte Spieler war ein starker Gegner.
Putzi wurde aufgeregt und machte Fehler.
„Entspanne dich!“, flüsterte die Mutter vom Zuschauerplatz.
Aber Putzi hatte die bewusste Muskelentspannung nicht gelernt.

Er wurde immer aufgeregter und verlor das Spiel.
Außerdem tropfte seine Nase.
Er fühlte sich müde und schlapp.
Er konnte nicht mehr weiterspielen.

„Du spielst wirklich sehr gut“, sagte ein Schiedsrichter freundlich, „aber du bist wohl körperlich nicht ganz auf der Höhe?“

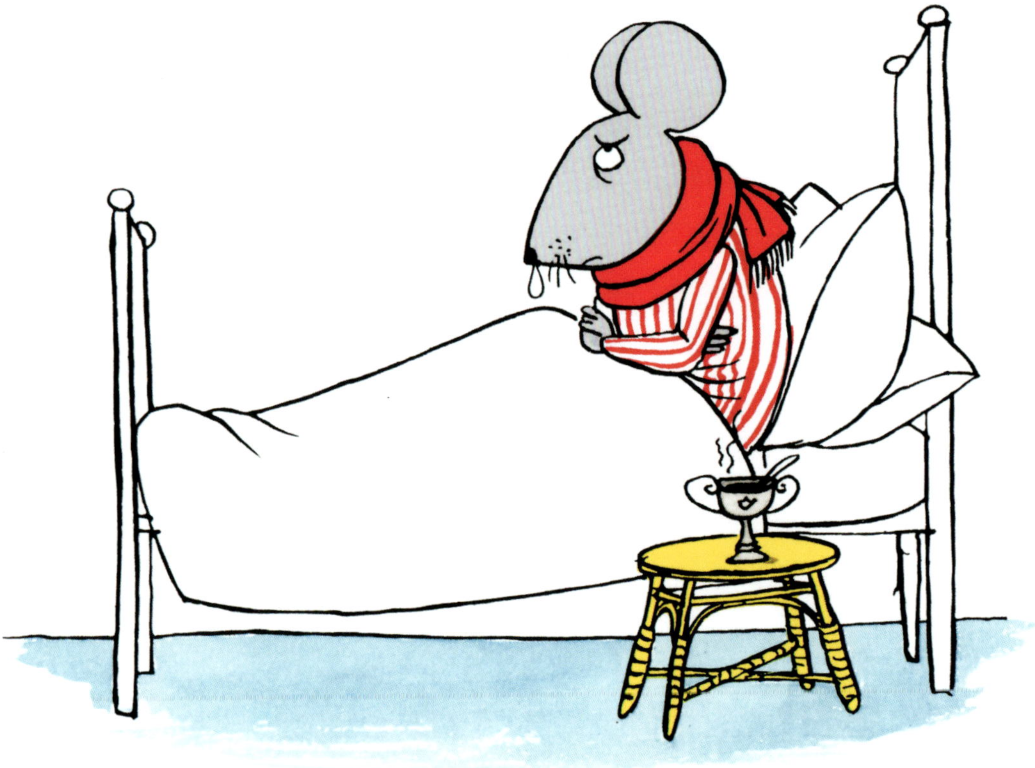

Am nächsten Tag musste Putzi wegen seines Schnupfens im Bett bleiben. Er dachte lange nach.
Er beschloss, Sport zu treiben, um sich körperlich zu kräftigen.

Frühmorgens nach dem Aufstehen atmete er am offenen Fenster tief ein und aus. Danach duschte er sich warm und kalt.

Er lernte, die Muskeln bewusst zu entspannen.
Hatte er die Schularbeit beendet, ging cr an die frische Luft. Er spielte mit Fritzi Fußball oder ging mit Mitzi zum Schwimmbad.

Putzi gewann dabei keinen Pokal und wurde kein erstklassiger Sportler. Aber er wurde stark und kräftig. Seine Wangen wurden rosig, und er war immer guter Laune, weil er sich gesund fühlte und keinen Schnupfen mehr bekam.

Er fand noch
genügend Zeit,
um Dame zu üben – denn jetzt wurde er nicht
mehr so schnell müde.
Eines Tages wurde der zweite international
Wettbewerb im Damespiel
ausgeschrieben.
Putzi meldete sich natürlich als Wettkämpfer.
Diesmal tropfte seine Nase nicht.

Er gewann das erste Spiel und das zweite.
Gegen den Sieger vom vorigen Jahr
gewann er auch.
Er gewann alle Spiele.
Es wurde eine Sensation.
„Es lebe der Weltmeister im Damespiel!“,
riefen die Zuschauer.

Putzi trug einen riesigen Silberpokal nach Hause.
„Eine richtige Suppenschüssel!“, sagte die Mutter stolz.
Wann immer die Familie nun Suppe aß, so wurde sie in Putzis Pokal serviert.

Das Bärenhaus

Es war einmal ein kleines Mädchen. Eines Tages ging es im Wald spazieren.

Als es in den Wald kam, sah es ein kleines Haus, dessen Tür offen stand.

Das Mädchen ging hinein. Niemand war im Häuschen.
Auf dem Tisch standen drei Schüsseln mit Suppe –

eine große Schüssel, eine mittlere Schüssel und eine kleine Schüssel.

Daneben lagen drei Löffel – ein großer, ein mittlerer und ein ganz kleiner.
Das Mädchen nahm den großen Löffel und kostete aus der großen Schüssel. Die Suppe war viel zu heiß! Es nahm den mittleren Löffel und kostete aus der mittleren Schüssel. Die Suppe war viel

zu kalt! Das Mädchen nahm den ganz kleinen Löffel und kostete aus der ganz kleinen Schüssel. Die Suppe war nicht zu heiß und nicht zu kalt und schmeckte sehr gut. Das kleine Mädchen wollte sich hinsetzen und gleich alles aufessen, weil es Hunger hatte. Es gab drei Stühle – einen großen, einen mittleren und einen ganz kleinen Stuhl.

Es setzte sich auf den großen Stuhl, aber er war viel zu hoch.

Es setzte sich auf den mittleren Stuhl, aber er war unbequem.

Es setzte sich auf den ganz kleinen Stuhl und er war genau richtig.

Das Mädchen aß die Suppe ganz und gar auf. Als es wieder aufstand, fiel der Stuhl zu Boden und brach entzwei.

Das Mädchen ging ins Nebenzimmer. Dort standen drei Betten – ein großes Bett, ein mittleres Bett und ein

ganz kleines Bett. Das Mädchen war schon etwas müde und wollte sich hinlegen.

Es legte sich auf das große Bett – das war viel zu hart!

Es legte sich auf das mittlere Bett – das war viel zu weich!

Es legte sich auf das ganz kleine Bett – das war genau richtig! Da schlief das kleine Mädchen fest ein.

Dann kamen die drei Bären nach Hause –

der große Bär, der mittlere Bär und der kleine Bär.

Die Bären traten ins Haus. Sie merkten gleich, dass etwas nicht in Ordnung war.

„Wer hat auf meinem Stuhl gesessen?“, rief der große Bär.

„Und wer hat auf meinem Stuhl gesessen?“, rief der mittlere Bär.

„Und wer hat auf meinem Stuhl gesessen und ihn ganz und gar zerbrochen?“, rief der ganz kleine Bär.

„Wer hat aus meiner Schüssel gekostet?“, brummte dann der große Bär.

„Und wer hat aus meiner Schüssel gekostet?“, rief der mittlere Bär.

„Und wer hat aus meiner Schüssel gekostet und alles aufgegessen?“, rief der ganz kleine Bär.

Dann schauten die drei Bären ins Schlafzimmer hinein. Das Mädchen schlief noch fest.

„Wer hat in meinem Bett geschlafen?“,
brummte laut der große Bär.

„Und wer hat in meinem Bett geschlafen?“, brummte nicht ganz so laut der mittlere Bär.

„Und wer hat in meinem Bett geschlafen und schläft immer noch da?“, brummte ganz leise der kleine Bär.

Das Mädchen wachte auf und sah die drei Bären. Schnell stand es auf, rannte zum Fenster und sprang hinaus.

So schnell, wie es konnte, rannte es weg in den Wald. Das kleine Mädchen rannte und rannte, bis

es nach Hause kam, und die Bären haben es nicht fangen können.